Pour une France
plus mieux

Pablo Mira

Pour une France plus mieux

Flammarion

ISBN : 978-2-0802-6584-5

SOMMAIRE

ÉLECTION
PRÉSIDENTIELLE
10 AVRIL & 24 AVRIL 2022

MIRA PRÉSIDENT

« La France c'est bien.
Une France plus mieux c'est mieux. »

CITOYENS, CITOYENNES,
Laissez-moi être le moins pire des présidents.

En France, les gens se divisent en deux catégories : ceux qui se plaignent et qui attendent toujours quelque chose du président, et ceux qui veulent devenir président, comme moi (je suis un mâle alpha). Ma candidature à l'élection présidentielle n'a qu'un but : ériger une France plus mieux, pour offrir à notre peuple le pays qu'il mérite.

J'ai écouté les Français et les Françaises, et je sais qu'ils se posent beaucoup de questions en ce moment, un peu comme un enfant qui se demande où se trouve le tabac du coin car son père est parti acheter des clopes depuis sept ans (c'était moi cet enfant). Aujourd'hui leurs inquiétudes sont légitimes et nombreuses :

— Faut-il avoir peur de la Chine ?

— Est-ce qu'une Troisième Guerre mondiale est possible ?

— Si oui, est-ce qu'on pourra enfin compter sur les Alsaciens ?

Dans cette société qui change, les problèmes sont nombreux, mais j'ai une solution pour chacun d'eux. Pour affronter ces défis inédits, la France a besoin d'un homme fort avec des idées. Cela tombe bien, des idées, j'en ai 125.

Dans ce livre-programme que vous tenez entre vos petites mains molles et bouffies par la paresse et la malbouffe, je vous dévoile ces propositions page après page, comme une strip-teaseuse du Coco Bongo vous dévoilerait ses charmes (sauf que je ne fais pas d'extra).

Certes, ce programme est dense, aussi touffu et imposant qu'un pubis des années 1970, mais depuis plusieurs semaines il séduit de plus en plus de citoyens courageux qui n'ont pas peur de mettre un « coup de pied dans la fourmilière » de ce pays corrompu.

Si j'ai décidé de sortir ce livre, c'est pour clarifier mon projet, mais surtout parce que je n'ai pas les moyens de faire financer d'énormes meetings par un dictateur libyen (j'aurais bien aimé, cela dit, donc si vous avez des plans, vous pouvez m'envoyer un mail à Pablozeboss92@wanadoo.fr).

Ce programme, c'est enfin ma déclaration d'amour à la France, une volonté de la servir, de l'embellir mais aussi de lui enlever tout ce qui la rend laide. Comme je le disais à mon ex : « Il est urgent de dégraisser le mammouth » ou de « liposucer la grosse » (j'étais un connard à l'époque, mais j'ai pas de regrets, elle m'a fait beaucoup souffrir).

Je veux que la France redevienne le leader de ce monde comme elle a pu l'être pendant trois jours en 1734.

Je veux que vous mettiez toute votre foi en moi en faisant le choix de l'avenir les 10 et 24 avril prochains.

Mes propositions pour la France sont simples, mais d'une qualité exceptionnelle. Elles sont les pizzas napolitaines de la démocratie. Si vous les soutenez, je ne vous décevrai pas[1].

Ensemble, bâtissons la France que nous méritons, celle où je suis aux commandes.

Françaisement,

Pablo Mira

1. Promesse non contractuelle.

LE POUVOIR D'ACHAT

1. Revalorisation du SMIC

Le salaire minimum sera augmenté selon les conditions que me dictera le MEDEF (car ils s'y connaissent, c'est le syndicat des patrons). De plus, les smicards auront droit à des réductions spéciales correspondant à leurs goûts de pauvres : 5 % sur la bière, les chips « goût BBQ » et les grosses TV.

2. Ne pas oublier les automobilistes

Qui dit pouvoir d'achat dit « budget voiture ». C'est pourquoi je ferai plafonner dès 2022 le prix de l'essence, qui ne pourra atteindre 8 euros le litre tant que je serai président. De plus, j'instaurerai une carte de fidélité pour les contraventions (le dixième PV vous sera offert).

3. Changer le mode de vie des Français

Je convaincrai les Français de faire des économies et d'arrêter de dilapider leur salaire dans la nourriture ou le chauffage. Un petit jeûne occasionnel est très bon pour la santé et on peut tout à fait se passer de chauffage et dormir sous des cartons de temps en temps (les SDF l'ont bien compris, alors pourquoi pas le Français lambda ?). Il est temps de faire bouger les mentalités.

4. Investir dans la recherche de trésors cachés

Notre territoire doit sans doute receler de très nombreux coffres remplis de pièces d'or et de précieux artefacts. Nos compatriotes doivent pouvoir profiter de cette manne financière. Je débloquerai 600 millions d'euros pour développer des détecteurs de métaux ultrapuissants, et je mettrai en place un « congé trésor » de quatre jours par mois pendant lesquels chaque salarié pourra pister cet argent dormant.

5. Des allocations spéciales

Comme la France est un pays d'assistés et de jean-foutre, je créerai de nouvelles allocations. Particulièrement pour les gens qui souffrent de porter un prénom américain comme « Jordan », « Beverly » ou « Christopher ». Ou qui ont un monosourcil, c'est pas facile, ça.

L'INSÉCURITÉ

1. Donner plus de droits aux policiers

J'ajouterai à l'arsenal répressif des forces de l'ordre des techniques de bizutage directement inspirées par les collégiens, comme « le shampoing », les « brûlures indiennes », les « calottes » et les « cocos », ainsi que l'élongation du slip en vue de le faire claquer.

2. Un seul numéro pour les urgences agression

Aujourd'hui le 17 est surchargé : les gens appellent la police pour n'importe quoi. Je mettrai donc en place un numéro d'urgence en cas d'agression physique, dont voici le numéro : **08 99 65 47 19 85 51 82 77** (ne vous trompez pas, vous risqueriez de tomber sur mon autre numéro pour faire l'amour au téléphone, le 08 99 65 47 19 85 51 77 82). Seulement 18 chiffres à retenir pour une intervention rapide et ciblée. Que demander de plus ?

3. Une prime pour la brigade canine

Les chiens policiers sont une aide inestimable et ils ne sont pas assez remerciés pour leurs services (malgré la série *Rex* sur France3). J'instaurerai dès 2022 une prime de six kilos de croquettes Purina One Premium ET une balle rebondissante à tous les chiens impliqués dans la mort sanglante d'un baron de la drogue. Vive les chiens d'attaque !

4. Le retour de la police de proximité

Il faut réinventer une police qui renoue le dialogue dans les quartiers difficiles avec les voyous locaux. Ces agents squatteront les halls d'immeuble, fumeront du shit et cracheront par terre. Ils inspireront le respect en brûlant leur propre voiture et ils « niqueront la police » s'il le faut. Ils seront des *role models* pour tous les caïds du quartier.

5. J'embaucherai un chasseur de primes américain

Il devra avoir les cheveux sales, un long manteau et une moto de type Harley-Davidson. Son nom devra être un minimum impressionnant, comme Jack Storm, Will Devil ou Mike Fury. Je lui donnerai carte blanche et il sera le seul fonctionnaire à pouvoir tirer sur n'importe qui sans jamais en payer les conséquences (à condition de sortir une bonne réplique au moment de tirer, comme « Attention ça va faire boum »).

LES HÔPITAUX

1. Un personnel soignant remonté à bloc

Parce que le personnel soignant est épuisé, j'offrirai à chaque infirmier un anti-cerne (de marque chinoise) et j'autoriserai le dopage et le recours aux stéroïdes utilisés par les catcheurs américains Hulk Hogan ou John Cena. Je veux un personnel soignant 100 % muscle !

2. Vendre des goodies

L'hôpital public doit être rentable. Dans le nouvel hôpital que je souhaite bâtir, les médecins pourront vendre en souvenir les radios de leurs patients (5 euros pièce), des peluches à l'effigie de Didier Raoult

(29 euros), des photos souvenir de votre opération (7,50 euros), et les appendices des patients à emporter dans une boîte en polystyrène (4 euros les 100 grammes).

3. Désengorger les urgences

Les urgences sont pleines de gens fragiles qui viennent au premier bobo. Si je suis élu, je promets de placer deux vigiles (et un physio) à l'entrée, qui décideront si oui ou non vous méritez d'y aller. Ils auront obligatoirement des lunettes de soleil et un tee-shirt col V bien moulant (ainsi qu'une bombe lacrymo pour les petites vieilles qui insistent pour se faire soigner le week-end alors que ça peut attendre lundi).

4. Booster le moral des soignants

Selon un sondage, 40 % des infirmiers pensent à changer de métier. Il faut donc leur remonter le moral, et j'obligerai chaque patient à raconter une blague au personnel soignant dès sa prise en charge. Si le personnel soignant exprime une trop grande détresse psychologique, ce dernier aura également accès (gratuitement) à un pain d'épices avec une bonne tisane à la camomille offerts par la médecine du travail.

5. Des ambulances tunées

Avec le tuning, les ambulances seront plus impressionnantes et plus performantes. Par exemple, mettre un caisson de basse à l'arrière permettra à la sirène d'être entendue de bien plus loin, et les jantes chromées attireront l'attention des piétons à coup sûr. Le tuning sera exclusivement effectué par des professionnels d'origine portugaise.

LA DÉMOCRATIE

1. Une procédure de vote plus fun

Pour lutter contre l'abstention, je rendrai la procédure de vote beaucoup plus fun. Ainsi, les assesseurs devront être munis d'un accessoire rigolo (une fausse moustache ou des lunettes-pénis) et devront imiter un ancien président de la République – le tic d'épaule de Sarkozy ou l'accent de Chirac, par exemple. Quant aux votants, ils auront le droit de faire une cascade avant de glisser leur bulletin de vote dans l'urne (comme une roulade avant au judo).

2. L'introduction du VOTE GRIS

Le vote blanc n'est pas comptabilisé aujourd'hui, ce qui mécontente les Français, alors j'instaurerai dès 2022 le VOTE GRIS, qui permettra à mes chers concitoyens de dire : « *Boarf*, les politiques, tous pareils de toute façon, c'est blanc bonnet et bonnet blanc. Tous pourris. » Les Français auront ainsi l'impression d'être davantage écoutés et compris. Attention : le vote gris ne sera pas comptabilisé non plus.

3. Une meilleure représentation des élus

Les députés sont à une écrasante majorité des cadres, alors que ces derniers sont minoritaires dans la société. Comme il est hors de question d'introduire des ouvriers à l'Assemblée nationale (faut pas déconner), je demanderai aux députés d'adapter leur langage en parlant comme les pauvres. Ils devront dire « malgré que », « ils croivent » et « c'est qu'est-ce que je dis ».

4. Révoquer les députés en cours de mandat

Si un député ne fait pas son travail correctement, il sera possible de le révoquer en cours de mandat. Il faudra simplement réunir 200 000 signatures en cinq jours, réalisées à l'encre turquoise sur un parchemin japonais qui se déroule sur une centaine de mètres (j'aime bien le look). Attention aux ratures.

5. Dire qu'il y a pire ailleurs

Chaque fois que les Français se plaindront du manque de démocratie dans le pays, nous diffuserons à la télévision un documentaire de six heures sur la Corée du Nord ou le parti unique chinois. Il y aura ensuite un spot du gouvernement qui dira : « Il y a pire ailleurs, alors si vous arrêtiez un peu de chouiner ? »

L'ÉCOLOGIE

1. Planter des arbres

Je prends ici l'engagement de planter un arbre chaque fois qu'un politique sera impliqué dans une affaire judiciaire, ce qui fera plus de 20 000 arbres par an pendant cinq ans.

2. Redorer l'image des cyclistes

Si l'on veut promouvoir le vélo, il faut que les choses bougent. Dès 2022, les cyclistes auront l'interdiction de porter leurs mini-shorts ridicules, et tout manquement à cette règle sera puni d'une amende de 666 euros (car ces tenues moulantes et provocantes, c'est le Diable). De plus, pour que les cyclistes ne soient plus nargués par les automobilistes, nous installerons sur chaque vélo une micro-fusée qui permettra d'atteindre UNE SEULE FOIS les 250 kilomètres/heure pendant quinze secondes.

3. Sensibiliser à l'écologie

L'écologie doit être enseignée dès le plus jeune âge aux Français. C'est pourquoi je remplacerai les inutiles cours d'anglais du primaire par des cours de chamanisme, dispensés par des chamans professionnels obligatoirement vêtus d'une peau de loup. Les enfants apprendront l'importance des arbres et de la terre, mais devront également obéir aux ordres de leur animal totem et fumer des herbes hallucinogènes pour « se reconnecter à Gaïa ».

4. Une vignette pour les véhicules polluants

Les véhicules diesel et autres SUV devront arborer une vignette spéciale et chaque conducteur devra présenter un mot d'excuse expliquant pourquoi il a choisi ce véhicule, et pourquoi il se sent « merdeux » de le conduire. Je ferai également passer une loi pour l'obliger à baisser les yeux pendant les duels de regards au feu rouge.

5. Forcer les enfants à se coiffer comme Nicolas Hulot

On ne peut visiblement pas compter sur la génération au pouvoir pour enrayer le réchauffement climatique. Nous ferons donc en sorte que la prochaine prenne le pli. Tous les mineurs seront donc obligés d'adopter une coiffure extrêmement désagréable visuellement, dite « à la Hulot », tant que le réchauffement climatique ne sera pas ramené à 0,25 °C. Certains qualifieront cette mesure d'inhumaine. Ce n'est pas faux.

L'IMMIGRATION

1. Faire un « Grenelle de l'immigration »

Comme pour tous les sujets sociétaux épineux, j'éluderai la question en lançant un grand « Grenelle de l'immigration ». Des gens sérieux en costume seront payés avec vos impôts pour réfléchir à « l'immigration de demain » et toutes leurs conclusions seront confiées à un beau chien qui se chargera de les manger.

2. Débloquer 30 euros pour aider les réfugiés

Je débloquerai la somme de 30 euros pour aider les réfugiés qui vivent actuellement dans des conditions intolérables. Une somme rondelette qui permettra de me faire bien voir des acteurs et réalisateurs de gauche qui, j'espère, me pistonneront pour un prochain film avec Vincent Lindon ou Omar Sy, *À contre-emploi.*

3. Faciliter les visas pour les « talents »

L'obtention de visas sera facilitée pour les personnes dotées d'un talent particulier, ce qui manque cruellement à la France. Je pense aux skateurs qui savent réaliser plus de quatre figures, aux imitateurs (qui font autre chose que Chirac ou Sarkozy), aux gens qui portent bien la moustache, aux alchimistes (encore trop rares dans ce pays) et aux strip-teaseurs.

4. Rendre à Paris ses frontières

Je ferai plaisir au microcosme parisien en fermant les frontières de la capitale. Tout ce qui dépasse le périphérique sera considéré comme « étranger ». Il y aura donc les étrangers de France et les étrangers d'ailleurs.

5. Un meilleur ruban adhésif pour attacher les migrants aux sièges des charters

Je promets que chaque immigré renvoyé en charter sera attaché plus solidement à son siège grâce à un ruban adhésif de qualité supérieure. J'allierai douceur et solidité en créant le Scotchéa, un mélange de Scotch et de Nivea, car le contrôle des flux migratoires n'empêche pas le respect de l'épiderme..

LA DIPLOMATIE

1. Envahir la Belgique

Ça, c'est juste parce que j'ai eu un problème avec un Belge l'année dernière au camping CapFUN en Loire-Atlantique. Il mettait sa radio à fond, se baladait en slip et il a embouti ma bagnole avant de partir. Bah, il fera moins le malin quand je serai son président.

2. Régler une bonne fois pour toutes le conflit israélo-palestinien

Pour que les Israéliens et les Palestiniens se réconcilient, je leur trouverai un ennemi commun, le porc par exemple. Je leur montrerai le film *Babe* et je leur dirai qu'il est envoyé par Satan. Ou je leur proposerai une soirée jeux de société avec des jeux où les gens ne s'engueulent jamais, comme le Monopoly ou RISK. Ça devrait marcher comme sur des roulettes.

3. Mépriser encore plus les Américains

À défaut de jouir d'une puissance militaire équivalente à celle des États-Unis, nous les Français, il nous restera toujours le mépris. Je commenterai donc chaque décision politique américaine d'un tweet condescendant sur leur inculture flagrante et leur ignorance crasse. Je remettrai également au goût du jour l'expression « les Amerloques ».

4. Faire plaisir aux Allemands

Comme nos voisins germaniques sont les numéros 1 de l'Europe, je leur ferai plaisir en supprimant toute trace de la période nazie. Plus personne n'aura le droit d'en parler et tous les documentaires de la chaîne RMC Découvertes seront remplacés par des séries policières allemandes comme *Alerte Cobra* (et des recettes de *currywurst*).

5. Se réconcilier avec le roi des rats

Il y a beaucoup trop de rats dans les grandes villes de France, et j'enverrai donc des diplomates trouver un terrain d'entente avec le roi des rats. Je pense qu'une paix est possible, quitte à lui livrer dans ses égouts tout le fromage qu'il demande. J'irai jusqu'au bout.

LA DÉFENSE

1. Imposer le port du bouc aux militaires

Personne n'impose davantage le respect qu'un homme qui a le crâne rasé et un bouc. Les soldats français devront donc arborer cette barbe iconique des 90's. Y compris les femmes.

2. Déringardiser l'armée

Les spots pour l'armée de terre sont sympas, mais il manque un je-ne-sais-quoi qui donne vraiment envie. C'est pourquoi, dès 2022, tout film français devra comporter au moins un rôle de militaire qui a un coup d'un soir avec une personne bien foutue.

3. Construire une grosse bombe

Aujourd'hui, j'ai l'impression que les gens ne savent plus que l'armée française est avant tout là pour TOUT CASSER. Je mettrai un terme aux missions humanitaires de l'armée pour mobiliser tous nos moyens dans la construction d'une grosse bombe dont voici le croquis provisoire :

4. S'attaquer au racisme dans l'armée

Aujourd'hui je n'ai pas peur de dire des choses qui dérangent et, oui, j'assume : le racisme c'est mal. Problème : beaucoup de soldats sont racistes et contents de l'être.

Je prends donc l'engagement de fournir un ami noir ou arabe à chaque militaire pour qu'ils dialoguent. Ils devront dormir dans le même lit et se raconter des confidences (ou des histoires qui font peur) à l'extinction des feux.

5. Concevoir des drones explosifs en forme de scouts

Rien de plus inoffensif en apparence que ces enfants avec leur béret et leur foulard autour du cou. Nos ennemis s'approcheront donc de ces faux scouts qui renfermeront une charge explosive équivalente à six tonnes de TNT. Le drone aura une fonction vocale afin d'attirer la cible visée en diffusant des phrases préenregistrées comme « Monsieur, je cherche la vallée de Chevreuse » ou « Tenez, il me reste quelques cookies ».

L'ALIMENTATION

1. Limiter les déchets nucléaires dans les sauces kebab

Aujourd'hui les délicieuses sauces algérienne, samouraï ou Biggy Burger contiennent encore trop d'uranium appauvri car la plupart des usines qui les produisent sont basées à Tchernobyl. C'est pourquoi je promets de diviser par deux le taux de radiation dans ces sauces, même si cela leur enlève une partie de leur saveur.

2. Créer le ministère de la Raclette

Le ministère de la Raclette sera chargé d'améliorer ce plat 365 jours par an. Pour cela, son budget sera équivalent à celui de la Défense. Le ministre devra obligatoirement peser au moins 110 kilos et avoir les joues roses. Il pourra remettre la « Légion fromagère » au Français qui aura mangé le plus de fromage fondu durant l'année.

3. Différencier les menus dans les cantines scolaires

Je mettrai en place deux menus pour les élèves : un menu BONHOMME qui contiendra chaque jour 500 grammes de viande rouge et une rasade de whisky, et un menu FRAGILE composé de tofu froid et d'une petite pomme bio. Les élèves qui auront opté pour l'option BONHOMME seront orientés vers un lycée professionnel, tandis que les menus FRAGILE iront vers une filière littéraire.

4. Interdire une bonne fois pour toutes les Mon Chéri

Qui a déjà passé un bon moment en croquant dans l'un de ces chocolats du démon ?

Qui est heureux de boire de la liqueur avec sa friandise ? Personne ! J'interdirai purement et simplement ces produits, quitte à mettre des centaines de personnes au chômage. Il fallait réfléchir avant de fabriquer des trucs aussi dégueulasses.

5. Des mails d'insultes pour les « gros tas »

Se sentir comme un moins-que-rien est souvent un bon moteur pour reprendre en main son alimentation. Les personnes possédant un IMC supérieur à 25 recevront chaque matin un mail, signé du ministère de la Santé, qui le stigmatisera sur son surpoids. Le/la ministre pourra utiliser à sa convenance les expressions suivantes : « gros tas », « gros lard », « grosse vache », « gros porc », « gras double », « Pierre Ménès ».

LE BIEN-ÊTRE ANIMAL

1. Donner de vrais noms aux animaux pour limiter l'abandon

D'ici la fin de mon mandat, je ferai passer une loi qui obligera les animaux domestiques à porter un vrai nom. Car s'il est très facile d'abandonner un animal au nom ridicule comme « Cacahuète » ou « Fripouille », il le serait beaucoup moins s'il s'appelait Philippe Perret, Stéphanie Weyermann ou Rachid Ben Salem.

2. Améliorer les parcs aquatiques

Les conditions de vie des animaux dans les parcs aquatiques devront respecter un cahier des charges très strict, sauf si le gérant connaît sur le bout des doigts le film *Sauvez Willy* (ou *Last Action Hero*, au choix). Dans ce cas, ils auront ma confiance totale et pourront faire ce qu'ils voudront avec les dauphins (ce ne sera plus mon affaire).

3. Une mort épique pour les animaux dans les abattoirs

Aujourd'hui, dans les abattoirs, les animaux meurent en quelques secondes, et c'est regrettable et indigne. Je souhaite donc qu'on mette en place une mort épique pour chaque animal de plus de 50 kilos. Il peut s'agir d'un combat à un contre dix, d'une explosion, ou encore du suicide d'un veau dans son bunker en écoutant du Wagner.

4. Respecter les hamsters

Aujourd'hui personne ne respecte les hamsters et il faut changer les choses. Avant la fin de mon mandat, je promets d'installer dans chaque grande ville une statue de hamster géante, où le rongeur sera drapé d'une toge d'empereur romain et installé dans un char tiré par quatre hommes nus ployant sous les coups de fouet.

5. Encadrer la zoophilie

Dès 2022, les animaux devront exprimer leur consentement avant tout rapport sexuel et les grands acteurs des films zoophiles, tels que *Rex l'étalon-chien* ou *Princesse la jument coquine* seront rémunérés comme des acteurs humains avec tous les avantages qui vont avec.

LA RURALITÉ

1. Apporter L'INTERNET à la campagne

Les années 2020 seront les années de la découverte de L'INTERNET dans nos campagnes, j'en fais ma priorité. Chaque foyer rural bénéficiera d'une aide de 100 euros (soit 650 francs !) pour installer un modem Sagem 56k. De plus, les ruraux bénéficieront d'office d'un CD-ROM explicatif sur comment « surfer sur le Web » ainsi que d'une adresse mail wanadoo.fr, club-internet ou liberty-surf (le top).

2. Boire ET conduire

Je ferai confiance à la robustesse des ruraux en ce qui concerne leur consommation d'alcool. Ainsi, je remonterai leur limite d'alcool au volant à 4 grammes par litre de sang (au lieu du 0,5 actuel, réservé à un public de citadins fragiles et efféminés).

3. Un kit suicide pour les agriculteurs

Les agriculteurs en dépression en raison de leurs 80 heures de travail par semaine et de leur salaire scandaleux pourront retirer un « kit suicide » en mairie (pour seulement 9,99 euros) comprenant une lettre de suicide prérédigée (il faudra juste remplir les blancs), une corde solide de fabrication 100 % française et un DVD du film *Cinéman* de Yann Moix.

4. Tolérer le racisme des agriculteurs

Les agriculteurs auront tous droit à un « joker » pour ne pas être condamnés pour des actes racistes (injures, discriminations, agressions, profanations de cimetière ou coups de fusil) car leur vie est suffisamment difficile pour ne pas en rajouter. Et puis la campagne, c'est l'aimer comme elle est ou la quitter.

5. Un petit singe pour aider à la ferme

Les agriculteurs auront enfin le droit d'avoir un petit singe habillé en salopette à leurs côtés pour les aider dans leurs travaux de tous les jours. Ils pourront l'appeler Mojo ou Jimi et devront le considérer comme un membre de la famille à part entière.

LES SENIORS

1. Je créerai France3 premium

Ce service proposera une triple dose de Cyril Féraud et de Samuel Étienne pour seulement 9,99 euros/mois. Nos anciens pourront également avoir accès à l'option « Alzheimer » qui permet de répéter deux ou trois fois chaque phrase entendue à l'écran.

2. Un personnel de maisons de retraite mieux formé

Je m'engage à ce que le personnel des maisons de retraite bénéficie de DEUX (oui, vous avez bien lu !) jours de formation avant de s'occuper de nos anciens. De plus, ils auront l'obligation d'écouter les résidents pendant leurs discours contre les jeunes fainéants ou les immigrés.

3. Une réduction de 10 % sur les petites douceurs

En attendant le grand saut, rien ne vaut une petite douceur ! C'est pourquoi les 65 ans et + auront droit à une réduction de 10 % sur les pastilles Vichy, les Michoko, les Werther's Original et les immondes pâtes de fruits.

4. J'enverrai les vieux au front

Depuis le temps que les vieux nous tannent en disant : « Ce qui nous faudrait c'est une bonne guerre ! », j'exaucerai leurs vœux et j'enverrai au front les plus vindicatifs d'entre eux. On verra bien s'ils se défilent, ces bleu-bites.

5. Un accompagnement sexuel

La solitude est parfois pesante passé un certain âge. Je mettrai donc en place un service de poupées sexuelles ultraréalistes pour réaliser les fantasmes des retraités. Deux modèles sont pour l'instant à l'étude : une poupée Michel Sardou (« l'étalon républicain ») et une poupée Claire Chazal (« la diablesse de la TV »).

LES DISCRIMINATIONS

1. Mon combat contre la richophobie

En France, on n'a pas le droit de réussir financièrement, et les riches sont souvent jalousés et insultés. La richophobie est un fléau qui fait chaque année 0,0001 victime et c'est in-sup-por-table. C'est pourquoi j'instaurerai une loi qui punira de trois ans de prison ferme les commentaires haineux sur ces gens oppressés qui gagnent plus de 15 000 euros par mois.

2. La transidentité obligatoire pour les PME

Dès 2022, il sera nécessaire d'être « en transition d'identité » pour être patron de sa PME. Si vous êtes un petit artisan, préparez-vous dès maintenant (au lieu de faire des devis hors de prix aux honnêtes gens… Je voulais juste refaire une porte en bois, on m'a demandé 1 200 balles).

3. Le concert pour la tolérance

Comme vous, j'aimerais que tout le monde vive en harmonie et comprenne les arguments de chacun. C'est pourquoi j'organiserai chaque année un concert géant pour la tolérance qui réunira des personnalités comme Yannick Noah ou Jean-Marie Le Pen, qui chanteront des chansons représentatives de tous les courants de pensée : du générique d'*Arnold et Willy* : « Il faut de tout pour faire un monde » aux chants antisémites en allemand de l'entre-deux-guerres. Ce sera une main tendue vers l'autre.

4. Garder un œil sur les futures discriminations

Le maître mot de mon quinquennat sera « vigilance » et nous prendrons un soin particulier à ne laisser aucune minorité sur le bord de la route. C'est pourquoi nous condamnerons avec la plus grande sévérité les actes discriminants envers des minorités peu connues et oppressées comme les calviciés de moins de 30 ans, les gens qui disent « ils croivent », les pongistes et les adorateurs du dieu Pan (de plus en plus nombreux dans le Nord).

5. Reconnaître les rappeurs comme handicapés mentaux

Depuis bientôt trente ans, de nombreux Français atteints de déficience mentale sont rejetés par la société et appelés de manière péjorative « rappeurs ». L'industrie du spectacle a généré d'énormes revenus sur le dos de ces handicapés qui sont réduits à de simples numéros de foire. Je mettrai fin à cette situation en accordant un statut de « mongoliens » à ces malades. Ils seront pris en charge par l'État dans des établissements spécialisés baptisés « Hip-Hôpitaux ».

L'ÉGALITÉ HOMMES-FEMMES

1. Réduire de 25 % le salaire des hommes

Les inégalités salariales sont intolérables dans un pays comme le nôtre.

Moi président, j'enlèverai un quart de leur rémunération aux hommes afin d'établir une stricte égalité. Cette réduction sera exceptionnellement de 12,5 % pour les hommes et femmes trans. L'argent généré par cette mesure servira à fabriquer des posters d'Adèle Haenel qui seront offerts à chaque homme de ce pays.

2. Créer une seconde journée pour les droits des femmes

La journée pour les droits des femmes ne suffit visiblement pas. Une seconde journée de ce type sera donc créée. Durant ces 24 heures, de nouvelles actions seront entreprises, comme une campagne de sensibilisation à l'impact du *manspreading* sur la biodiversité.

Pendant cette journée, les forces de l'ordre pourront verbaliser toute blague sur les femmes et le créneau.

3. Subventionner les violences faites aux hommes

Dans une écrasante majorité, ce sont les femmes qui sont victimes de violences conjugales. L'égalité, là encore, doit être établie. Toute femme accomplissant au cours d'une année au moins trois actes de violence envers son conjoint recevra une prime de 300 euros ainsi que des chèques cadeaux pour Yves Rocher.

4. Habiller la tour Eiffel en clitoris

Le corps des femmes est encore trop tabou dans la société française.

Pour lutter contre ce phénomène, notre symbole national sera transformé en appareil génital féminin de 324 mètres de haut. Sur les parois de la structure seront inscrits des témoignages d'hommes et de femmes dont la vie a été sauvée par un clitoris au cours des vingt dernières années.

5. Une paire de chaussures offerte aux victimes d'agression sexuelle

Un bon d'achat de 80 euros chez Zalando sera envoyé par la Poste aux victimes d'agression sexuelle, pour les aider à surmonter ce traumatisme. Afin d'éviter tout abus, chaque foyer n'aura droit qu'à un seul bon par an. Et si l'agresseur fait partie de la famille de la victime, celle-ci recevra un coupon de réduction de 20 euros à utiliser chez Princesse Tam-Tam.

LA JUSTICE

1. Désengorger les tribunaux

Je déléguerai les petites affaires sans importance (boulette de shit dans la poche et outrages à agent) à un médiateur assez baraqué et autoritaire, qui reprendra en main les délinquants. Il leur fera faire des activités en plein air. S'ils sont violents, il leur dira : « Bah, vas-y pousse-moi, vomis ta haine. » À la fin, ils finiront en pleurs et devront écrire un mot d'excuse à la République.

2. Des juges mieux formés

Dès 2022, les juges auront droit à une formation complémentaire sur ma chaîne YouTube. Je leur apprendrai comment reconnaître un criminel au premier coup d'œil ou « comment faire de l'argent sans bouger de chez soi grâce à cinq astuces très simples ». Ils devront ensuite payer pour avoir accès à ma formation complète et à mes stages à 11 000 euros la semaine.

3. Des cellules plus dignes

Aujourd'hui les détenus sont souvent trois ou quatre dans une cellule insalubre de dix mètres carrés. Pour améliorer ces conditions, j'installerai des accessoires bien-être de chez Nature & Découvertes dans chacune d'entre elles. Les prisonniers pourront ainsi s'évader (psychologiquement) grâce à une veilleuse boréale ou à une compilation des vingt plus beaux morceaux de flûte de pan.

4. Des nouvelles formes de prison

Aujourd'hui les prisons sont surchargées, alors je commuterai les petites peines en détention à domicile avec pour obligation pour les condamnés de regarder chaque jour au moins une comédie de Philippe Lacheau. Le taux de récidive va chuter, croyez-moi.

5. Je changerai le symbole de la justice

Aujourd'hui la balance affichée sur les frontons des tribunaux est un symbole daté, voire cliché. C'est pourquoi je le transformerai dès 2022 en quelque chose de plus actuel, plus mystérieux aussi. En voici une esquisse :

Pour une France plus mieux

C'est un chien qui sort d'un tuyau. Il est très suspicieux. Il a sûrement flairé un mauvais coup.

LA JEUNESSE

1. Débloquer 500 millions d'euros contre l'acné

Voir les visages bouffis des adolescents constellés de boutons purulents me révolte. Quel pays civilisé peut accepter que sa jeunesse soit aussi laide ? C'est pourquoi je ferai de la lutte contre l'acné une cause nationale. La première étape de ce combat sera la pénalisation du sébum, puis la création d'une *task force* anticomédons.

2. Des stages de survie pour les plus jeunes

Les enfants devront très bientôt affronter un monde plus qu'hostile à cause du réchauffement climatique. Il est donc indispensable de les préparer à l'apocalypse à venir grâce à des formations adéquates. Ils apprendront donc à faire du feu, à jeter du sable dans les yeux d'un ennemi ou encore à accorder des faveurs sexuelles à un individu dont dépend leur survie.

3. Encadrer la masturbation

Les jeunes passent 55 % de leur temps éveillé à se tripoter, alors je prendrai des mesures strictes pour encadrer le plaisir solitaire. Il faudra qu'ils limitent cet acte à une fois par quinzaine, et cela devra se faire de nuit ou un jour férié. Les jeunes se verront aussi offrir un kit « anti-masturbatoire » comprenant un livre culpabilisant l'onanisme, un gant en laine de verre, et les photos volées (hot) d'Alain Finkielkraut.

4. Engager des trappeurs amérindiens pour pister les fugueurs

Chaque année, près de cinquante mille fugues sont recensées. Pour mettre fin à ces drames familiaux, je m'engagerai à solliciter les services du peuple cris, originaire d'Amérique du Nord. Ces derniers auront 72 heures pour retrouver l'enfant ou l'adolescent concerné. Si le chasseur remplit sa mission, il pourra conserver un morceau de peau du fugueur en guise de trophée.

5. Transformer un élève par classe en toxicomane

Les plus jeunes doivent prendre conscience des conséquences terribles de la consommation de drogue. Pour ça, rien de mieux que de constater directement les ravages que provoquent ces substances. C'est dans ce but qu'un élève de chaque classe sera tiré au sort en début d'année pour recevoir un très grand nombre de drogues (cocaïne, héroïne, crack, meth) afin que ses camarades de classe découvrent comment la toxicomanie peut ruiner une vie. En compensation, cet élève recevra un point supplémentaire de moyenne générale sur son bulletin annuel.

L'ÉDUCATION NATIONALE

1. Mettre dans chaque classe difficile une jeune enseignante qui apprendra le théâtre aux voyous

Je me suis pas mal renseigné et, apparemment, ça marche du tonnerre comme technique. Il faut qu'au début, la jeune enseignante en bave. Elle se fait victimiser, mais elle se rend vite compte que les élèves n'ont pas des vies faciles, alors elle décide de leur proposer de monter une pièce. À un moment, le gros dur de la classe a un clash avec elle, et puis il avoue plus tard ses blessures secrètes grâce au théâtre. Idéalement, il faudrait qu'on ait aussi les droits du titre *Gangsta's Paradise* de Coolio pour le diffuser dans l'établissement. Et à la fin, bien évidemment, le caïd décroche son diplôme, et il vient dire merci à la jeune enseignante.

2. Des cours vraiment utiles dans la vie

Je remplacerai les cours inutiles comme la techno ou la musique par des cours vraiment utiles dans la vie de tous les jours comme « Comment mentir sur son CV », « Comment tromper son partenaire sans se faire gauler » ou « Comment taxer de l'argent à un pote sans jamais le rembourser ». Voilà ce que j'aurais aimé que l'on m'apprenne plus jeune.

3. Une allocation-look de 50 euros

Je donnerai un chèque cadeau de 50 balles aux profs pour qu'ils se rachètent des pompes, parce que là, c'est pas possible. Nan mais regardez-les !

4. Acheter une photocopieuse ultrapuissante

Les profs se plaignent tout le temps de leur matériel défectueux et de leurs photocopieuses. Je commanderai donc pour chaque établissement un appareil chinois COPY MEGA FORCE, qui permet de faire plus de deux mille photocopies par minute, mais qui en cas de surchauffe peut exploser et annihiler toute vie humaine sur un rayon d'un kilomètre. Je suis prêt à courir le risque.

5. Obliger les profs d'EPS à faire eux aussi les exercices

Ces enfoirés sont payés à rien foutre et ils pensent que personne ne le sait. Dès mon investiture, les profs d'EPS devront aussi faire leurs exercices merdiques, les tours de stade, et se balader en slip de bain à la piscine. Oui, j'ai mal vécu cette époque, et ils vont me le payer.

L'UNIVERSITÉ

1. En finir avec les amphis bondés

Je veux en finir avec ces images d'étudiants assis par terre faute de place. C'est pourquoi, dès la rentrée 2022, chaque étudiant devra en accueillir un autre sur ses genoux (en alternant à chaque heure). Cela favorisera également les rencontres, ou provoquera des déclics sur la véritable orientation sexuelle de chacun.

2. Améliorer le CROUS

Aujourd'hui, de plus en plus d'étudiants se détournent du restaurant universitaire pour se nourrir dans des kebabs. C'est pourquoi je demanderai aux universités d'instaurer une ambiance de kebab typique dans chaque CROUS. Les tables collantes, l'éclairage criard, le cuisinier patibulaire qui vous appelle « Chef » et la grande télé qui diffuse des matchs du Galatasaray seront de rigueur.

3. Favoriser les alliances « élève autiste-élève sportif »

C'est la combinaison gagnante des campus américains, qui nous surclassent clairement. Pour chaque UFR, il faudra au moins cinq duos composés d'un/une élève surdoué(e) mais avec des problèmes d'insertion et un/une élève très puissant(e) physiquement mais qui a besoin d'aide pour ses cours classiques.

L'autiste devra porter une chemise à manches courtes rentrée dans un pantalon remonté jusqu'aux tétons. Le sportif du duo pourra revêtir une simple veste « NY » noire avec des manches blanches.

4. Un plan pour les élèves décrocheurs

Les « glandeurs de l'amphi » devront obligatoirement former une bande soudée et facilement identifiable (remplissant si possible les rôles du « beau gosse », du « rigolo », du « sportif un peu bêta », du « malchanceux » et une fille qui mettra leur amitié à rude épreuve). Ils devront s'entraider pour réussir leurs examens sans réviser, mais grâce à des astuces et des gags visuels (chutes, farce qui tourne mal chez le recteur, costumes « fun »).

5. Créer le « Spring Break français »

Les étudiants français méritent d'être traités comme leurs homologues américains. Pour des questions budgétaires, ce *spring break* se tiendra au Havre, sous un crachin désagréable et devant des immeubles grisâtres. Durant cette « pause de printemps » de quinze jours, le topless sera autorisé, et le sexe débridé encouragé grâce aux membres de la fonction publique qui seront invités à crier « Wooooooo » à chaque MST transmise.

LES ENTREPRISES

1. Inscrire le droit de bourrage papier dans la Constitution

Un très grand nombre de tensions et de conflits au sein des entreprises ont pour origine les bourrages papier. « Qui a encore bouché la Xerox ? » et « J'en ai marre de nettoyer la merde des autres » sont devenus de phrases récurrentes dans le monde du travail. J'inscrirai donc le droit au bourrage papier dans la loi. Cette liberté sera évidemment encadrée puisque chaque salarié aura droit à huit bourrages par an. Au-delà, l'employeur sera en droit de licencier le salarié sans indemnité.

2. Créer cinquante mille postes de « Chief Harassment Officer » (responsable du harcèlement)

Le fait que certains employés soient la cible d'un harcèlement pénible et arbitraire est inadmissible. Je mettrai en place dans les entreprises de plus de dix salariés des responsables du harcèlement. Leur mission sera de s'assurer que chaque employé soit harcelé de manière égale, afin de supprimer les écarts de traitement. Pour cela, le/la responsable du harcèlement prendra trente minutes par jour pour insulter individuellement chaque salarié en le stigmatisant sur son travail et son apparence.

3. Un mouchard dans chaque syndicat

Chaque syndicat devra comporter un mouchard, un type qui va tout cafter aux patrons après les assemblées générales. Idéalement, il faudrait qu'il soit chétif, pâle et avec le regard fuyant. Une prime de 100 euros par mois lui sera attribuée (+ 50 euros s'il bégaie ou zozote).

4. Élargir le droit à la pause

Aujourd'hui, seuls les fumeurs peuvent prendre des « pauses clope », et c'est un scandale. Alors je ferai en sorte que les autres addictions puissent elles aussi bénéficier de temps de répit : une « pause drogue », par exemple, pour fumer du crack en bas de l'immeuble, ou une « pause porno » pour ceux qui – comme moi – ne peuvent pas s'en passer plus d'une heure.

5. Des stagiaires recyclables dès 2024

Chaque trimestre, trop de stagiaires sont jetés après usage, alors qu'ils pourraient encore être utilisés. C'est pourquoi je mettrai en place dès 2024 des bennes à stagiaires, où les entreprises pourront déposer des stagiaires inutiles pour qu'ils y soient nettoyés et reconditionnés. Ces stagiaires seront ensuite réinjectés dans d'autres entreprises, avec un salaire moindre (car ce sera des produits d'occasion).

LA FRENCH TECH

1. Débloquer 3 milliards d'euros pour le porno en 3D

Le porno en 3D est la plus grande invention de l'humanité, ainsi 3 milliards d'euros seront alloués chaque année à son développement. Je veux que la France rayonne à l'étranger par la qualité de ses graphismes et de ses tétés.

2. Embaucher des Asiatiques

Je ferai de ce cliché raciste une priorité pour mon quinquennat. Nous embaucherons 20 % d'Asiatiques-forts-en-informatique supplémentaires dans toutes les entreprises de high-tech. En revanche, il sera toujours strictement interdit d'utiliser les jeux de mots « Pas de sushi » et « C'est nippon ni mauvais » sous peine de sanctions pénales.

3. Des avantages pour les geeks

Les petits génies de l'informatique d'entre 12 et 16 ans qui sortiront une appli auront droit à du Biactol gratuit pendant un an, pour qu'ils nettoient leur mauvaise peau, mais aussi à un déodorant efficacité 96 heures, pour qu'ils ne se lavent les aisselles que tous les quatre jours. Cela leur redonnera confiance en eux, et contribuera à la création d'une Silicon Valley à la française.

4. Sacrifier soixante-dix-sept vierges en l'honneur de Xavier Niel

Chaque année, la veille de l'anniversaire de Xavier Niel (le 25 août), il faudra sacrifier dans la nuit soixante-dix-sept vierges en son honneur, pour qu'il continue de nous montrer la voie. Les familles de ces soixante-dix-sept vierges recevront évidemment une contrepartie avec l'arrivée dans leur famille d'un réfugié afghan qui devra remplacer leur fille.

5. Confier un ministère à Mac Lesggy pour qu'il construise des robots tueurs

Il est sympa, non ? Bon, bah, il aura son ministère. Je souhaite qu'il ait un gros laboratoire dans les sous-sols de l'Élysée et qu'il construise des robots tueurs high-tech avec Jamy aussi (ce sera son secrétaire d'État). Ouais, voilà : Mac Lesggy construira des robots à la *Terminator*, et Jamy essaiera des exosquelettes bardés de mitrailleuses (comme dans *Avatar*). Ils auront droit de vie et de mort sur n'importe qui.

LA FISCALITÉ

1. J'encadrerai le look des contrôleurs des impôts

Pour qu'ils correspondent à l'idée que l'on se fait d'eux, les contrôleurs des impôts devront s'habiller dans un costume gris terne, se tenir voûtés, et avoir une allure de vautour. Ils devront obligatoirement avoir une raie sur le côté et des lunettes qu'ils réajusteront sur leur nez avec le majeur. Il faudrait aussi qu'ils aient un défaut de prononciation ou un tic énervant, comme un petit rire nerveux lorsqu'ils découvrent un truc que vous n'avez pas déclaré.

2. Rendre la déclaration d'impôts plus sexy

Même si le fisc a fait des efforts, déclarer ses impôts reste encore une tannée pour la majorité des Français. C'est pourquoi je rendrai plus sexy la déclaration en y glissant des sous-entendus sexuels tout au long du procédé. Exemple : « Bénéfices (rime avec orifice) non commerciaux » ou « Traitements et salaires (à ne pas confondre avec "traite-moi de salope") ».

3. Je laisserai les GAFA tranquilles

Les GAFA (Google, Amazon, Facebook, Apple) sont trop puissants, alors comme je suis lâche, je les laisserai ne pas payer d'impôts en France. C'est aussi parce que je ne veux pas troquer mon iPhone contre un Alcatel ou abandonner Amazon pour retourner chez GIFI.

4. Un autre système de majoration

Les têtes en l'air qui oublient de déclarer leurs impôts subiront une majoration de 20 % : 10 % pour les impôts et 10 % pour moi. La lettre de majoration sera accompagnée du slogan « Aboule le fric » et d'une photo de moi dans un jacuzzi.

5. Une nouvelle taxe pour les gens mesurant plus d'1,90 mètre

Les gens inutilement grands me stressent et je voudrais qu'ils payent pour tout le mal qu'ils me font. C'est pourquoi j'instaurerai dès 2022 une taxe « grand dadais » qui viendra leur apprendre la vie (et l'addition sera salée, je peux vous le dire). Et peut-être que les petits auront aussi un abattement, tiens. Je vais y réfléchir.

LES TRANSPORTS

1. Interdire aux conducteurs de bus de se saluer quand ils se croisent

C'est une habitude insupportable qui met mal à l'aise tous les passagers, et j'y mettrai un terme dès mon investiture. Ce sera une mise à pied automatique pour les petits malins qui se font coucou (le klaxon est aussi considéré comme un coucou). Ils se croient où, ces connards ?

2. Des tarifs accessibles aux wagons-bars

Pour que ce service soit un plaisir pour tout le monde, y compris les petites bourses, je m'assurerai d'abaisser les tarifs du wagon-bar. Un cookie et un café ne devront pas dépasser 27 euros et un sandwich 59 euros. Il y aura aussi une formule chômeur avec sandwich au pain (17 euros) et le Coca ouvert la veille (8,50 euros).

3. Créer des tronçons d'autoroute pour les segways

Ce mode de transport encore trop sous-exploité doit être encouragé.

Actuellement réservé aux villes, il faudra permettre aux conducteurs de segways de réaliser des trajets longs. Le premier axe Paris-Marseille verra le jour en 2024 avec au final un trajet réalisable en seulement 38 heures (sans dormir).

4. Confier l'attribution du permis B à Dominique Chapatte

Les Français désireux de pouvoir conduire une voiture devront s'inscrire à une formation dirigée par l'animateur de *Turbo*. Celui-ci testera leur capacité à dire du bien des voitures allemandes avec le sourire. Il leur fera aussi réaliser des drifts sur un circuit de banlieue parisienne. Si l'animateur est convaincu des compétences des candidats, il pourra leur faire passer l'examen final : réaliser à la bouche le jingle de *Turbo*.

5. Débloquer 50 millions d'euros pour les hommes-canon

Enfiler un casque et entrer dans un canon pour être propulsé dans les airs est l'une des plus belles sensations au monde, et il faut investir massivement dans ce mode de transport rapide et écologique. Les Françaises et les Français qui souhaitent devenir femmes/hommes-canon bénéficieront d'une aide de 12 000 euros pour investir dans un canon neuf (et l'État s'engage à racheter l'ancien canon à 50 % de sa valeur à l'Argus).

LE TOURISME

1. Des trottoirs surélevés pour les Chinois

Les touristes en provenance de Chine sont le cœur de cible du tourisme français. Il est donc fondamental de les traiter avec respect. Pour cela, dès juin 2022, de nouveaux trottoirs réservés à ces touristes particuliers seront mis en place à côté des trottoirs traditionnels. Plus haut de 50 centimètres, les Chinois pourront s'y promener en toute tranquillité en regardant de haut la population. Afin de se sentir comme chez eux, ils pourront également (s'ils le souhaitent) cracher sur le trottoir du dessous.

2. Rénover le patrimoine avec du vinaigre blanc et du bicarbonate de soude

Tout le monde dit que ça marche pour tout, alors je propose de rénover tout le patrimoine français en utilisant un petit mélange de vinaigre blanc et de bicarbonate de soude. D'autres remèdes de grand-mère seront utilisés, comme les sachets de thé ou cracher dans ses mains avant de se mettre au travail.

3. Créer les campings de non-droit

Le camping fait partie de la culture française et il est nécessaire de le maintenir attractif. Ces zones touristiques ne seront donc plus soumises à la loi. Les délits et crimes y seront autorisés, ainsi que les cultes à l'égard d'esprits démoniaques. Chaque camping sera dirigé par un seigneur de guerre recouvert de peintures corporelles. Il aura pour mission de garantir le chaos et la bonne ambiance du lieu.

4. Rejouer SPEED avec un car de touristes

Pour ajouter du piment aux visites touristiques, je prendrai une mesure spectaculaire et radicale : une fois par mois, un car de touristes transportera une bombe qui explosera si le véhicule passe sous la barre des 50 miles par heure (80 kilomètres/heure). Un héros pourra être dépêché sur place et sauver la situation, mais il faudra qu'il soit bel homme.

5. Organiser des visites touristiques dans les banlieues

Les zones urbaines sensibles suscitent une forte attention du public. Nous ferons en sorte que cet attrait génère du profit en proposant des visites guidées dans les quartiers les plus chauds de France. Point de deal, ancienne crèche brûlée, parking devenu piste de rodéos sauvages, etc. Nous ferons en sorte que ces prisons à ciel ouvert deviennent « *the new place to be* de passage ».

L'ESPACE

1. Enseigner le klingon aux astronautes

Les astronautes devront obligatoirement maîtriser le klingon, la langue de M. Spock dans *Star Trek*. Il fera moins le malin, Thomas Pesquet. Je l'aime pas trop, ce type (il s'était tapé mon ex, et il m'avait nargué par messages…). Je vais lui en faire baver.

2. Trouver une exoplanète

Je mettrai le maximum de moyens pour trouver une nouvelle planète dans laquelle les riches pourront s'épanouir. Je l'appellerai « Pablora ». Les pauvres, eux, resteront sur Terre, sur une planète recouverte de déchets et de zones radioactives (il y aura des gangs de bikers et des nains mutants).

3. Rendre utile la Station spatiale internationale

Personne ne sait à quoi sert l'ISS aujourd'hui. Alors, je ferai en sorte qu'elle diffuse ces messages tous les jours aux Terriens : « Quittez la Terre, vous êtes foutus », « Alerte incendie » et « Fuyez pauvres fous ». Le tout entrecoupé de chansons de Dave (pour changer un peu).

4. Enfouir ma collection de DVD d'Élie Semoun sur la Lune

Ça, c'est juste comme ça, pour me faire plaisir. Il y a bien sûr les petites annonces, tous les *Ducobu*, mais aussi son concert de bossa-nova où il se fout à poil à la fin (j'en ai encore des frissons).

5. Rogner sur tous les budgets pour construire un vaisseau spatial

La moitié des ressources de l'État sera consacrée à la construction d'un mégavaisseau spatial pouvant contenir les cinq cents personnes les plus cool de la planète (avec en priorité : moi, mon fantasme de jeunesse Pamela Anderson et le couple de vieux de la série *Scènes de ménage*).

LA CULTURE

1. Une douche gratuite pour les intermittents

Pour redorer l'image des professionnels du spectacle, les intermittents qui n'ont pas leurs 507 heures auront droit à une douche gratuite le premier samedi du mois. Mais ils devront obligatoirement utiliser un gel douche « vanille de Madagascar » ou « coco » ainsi qu'un shampoing « démêlant et purifiant ».

2. Créer plus de prix littéraires

J'ai remarqué que les livres qui ont eu des prix littéraires (Goncourt, Renaudot, Goncourt des lycéens...) se vendent mieux.

Je créerai donc quatre-vingt-trois nouveaux prix littéraires pour aider ce secteur. Il y aura par exemple le prix Matzneff qui récompensera le meilleur livre pédophile. Mais aussi le prix Top Immo qui récompensera le livre qui aura le mieux su mettre en valeur le marché de l'immobilier en France. Ou le prix Toutou Max avec le livre qui aura le plus beau chien en couverture.

3. Je mettrai des limites au stand-up

Dès 2022, les humoristes auront l'interdiction formelle de demander au public : « Qui est célibataire dans la salle ? » ou « Ça vient d'où comme prénom ? C'est tunisien ? » Je suis prêt à aller jusqu'à l'interdiction des spectacles s'il le faut.

4. Remonter le niveau des festivals de musique

J'ai l'impression que depuis quelques années, des artistes nuls en live se produisent dans des festivals. Je mettrai fin à ces débordements en décrétant que tout artiste non spectaculaire comme les merdes « piano-voix » devront se reconvertir et faire un groupe de ska (avec quatre trompettes, et deux types torse nu aux percu).

5. Limiter les « fils/fille de » dans le cinéma

J'instaurerai un quota maximum de cent « fils/filles de » dans le cinéma. Ceux en trop devront donc faire des études et trouver un vrai travail. Attention : Nicolas Bedos compte déjà pour quarante.

REMERCIEMENTS

Il est de bon aloi de remercier en fin d'ouvrage les personnes qui ont aidé à sa rédaction ou qui ont cru dès le départ au projet. On y va alors d'un « Merci infiniment » hypocrite ou d'un « Merci du fond du cœur » mielleux à sa famille, ses amis proches, ses collaborateurs et ses soutiens… Autant de pique-assiette qui ne sont là que quand le soleil brille et qui se détournent de vous dès qu'il pleut ! (Ce n'est que mon avis, mais ne faites confiance à personne dans la vie : tous pourris.) Bref, aujourd'hui, je voudrais révolutionner cet exercice fastidieux en rendant hommage à celui qui a tout fait dans cette aventure : moi-même.

Je remercie d'abord MON AMBITION, qui n'a fait que grossir au fil des mois (comme mon ex) et qui m'a toujours poussé là où le Français lambda renonce par flemme et parce qu'il y a « Koh-Lanta » à la télévision.

Ensuite, je remercie du fond du cœur MON TALENT, qui est inversement proportionnel à ma taille, et sans qui cette aventure aurait été tout bonnement impossible (comme attraper un paquet de céréales en haut d'une étagère, par exemple).

Ma prochaine pensée va évidemment à MON SEX-APPEAL, primordial dans une élection présidentielle, et qui fait des ravages chez la ménagère de plus de 75 ans et auprès de nombreux maires de petits villages (je n'ai pas eu mes cinq cents signatures en enfilant des perles).

Un grand merci également à MON BON GOÛT, qui m'a toujours tenu éloigné des chemisettes et des pantacourts (sauf en 2004, ma période Sinsemilia), et sans lequel je n'aurais pas pu faire une aussi belle photo que sur la couverture de ce livre.

Je souhaite également remercier MA PONCTUALITÉ et MON PERFECTIONNISME, qui sont les deux mamelles d'un entretien d'embauche réussi. Et une élection présidentielle, vous savez, c'est un entretien avec 66 millions de DRH.

Enfin, je voudrais remercier MON ARGENT, durement gagné à la sueur de mon front, et que j'apprécie plus que mon fils de 8 ans (non reconnu à la mairie). C'est grâce à cet argent que je peux financer ma campagne et assouvir mes deux addictions dans la vie : le sucre et le guacamole pimenté.

Bien à moi,

PABLO MIRA

Fait à Levallois-Perret,
Le 1er janvier 2021

NORD COMPO
multimédia

Composition et mise en pages
Nord Compo à Villeneuve-d'Ascq

Achevé d'imprimer en janvier 2022
par Normandie Roto Impression s.a.s., 61250 Lonrai
N° d'impression : 2106933
N° d'édition : L.01ELKN000892.N001
Dépôt légal : février 2022

Imprimé en France